AF285414

Das wahre Gesicht des

Fetischs

Das wahre Gesicht

des

Fetischs

Impressum

2. Auflage

Die Deutsche Nationalbibliothek verzeichnet diese Publikation in der Deutschen Nationalbibliografie; detaillierte bibliografische Daten sind im Internet über *dnb.dnb.de* abrufbar.

© 2021 P. Point Gwendoline

ISBN: 9783754373705

Herstellung und Verlag: BoD – Books on Demand, Norderstedt

Alle Rechte vorbehalten. Unbefugte Nutzungen, wie etwa Vervielfältigung, Speicherung oder Übertragung können zivil- oder strafrechtlich verfolgt werden.

MIX
Papier aus verantwortungsvollen Quellen
Paper from responsible sources
FSC® C105338
FSC
www.fsc.org

Hab keine Angst, deine

Sexualität, Fantasien und wünsche

zu erforschen.

Umfasse sie. Liebe sie. Mach

sie zu deinen.

Sie sind Teil dessen, wer du bist.

Vorwort

Dieser Ratgeber übermittelt dir, meine Erfahrungen und mein Wissen zum Thema Fetisch.

Einiges habe ich selbst erlebt durch die verschiedenen Beziehungen die ich im Leben hatte, anders wiederum sind Dinge, die ich in den unzähligen Verkaufsgesprächen mit Kunden, täglich erfahre.

Nun erweitere deinen Horizont. Hol dir einen Kaffee oder Tee und mach es dir mit Keksen zusammen mit diesem Ratgeber, an deinem Lieblingsplatz bequem und lass dich von mir, in die Welt des Fetischs entführen.

Viel Spass ;-)

Einleitung

Gerten, Peitschen, Knebel... Das sind all die Dinge, an die wir als erstes denken, wenn wir das Wort *Fetisch* hören.

Spätestens seit dem Film *Fifty Shades of Grey*, denken wir automatisch an

eine schwarze Gerte, die sich mit jedem Schlag auf die Haut, etwas tiefer hineinbohrt, wenn wir etwas Falsches sagen.

Aber was genau ist denn ein Fetisch?

Hat es immer was mit Lack und Leder zu tun?

Ist es zwangsläufig perverse Fantasie?

Nein ganz und gar nicht!

Und wieso überkommt uns ein komisches Gefühl, wenn wir an dieses Wort denken?

Ich kenne die Antwort: Es ist Teilweise das «nicht oder zu wenig Wissen» über dieses Thema. Wir alle auch ich, neigen dazu über eine Sache welches uns zu wenig oder gar nicht interessiert, schlecht darüber zu denken oder gar zu sprechen.

Alle wollen die Welt entdecken, verschliessen jedoch die Augen vor Dingen, die durchaus es wert sind entdeckt zu werden.

Erziehung, Gesellschaft, Medien und auch falsche Bildung der Leute die dich umgeben, können Grund dafür sein, weshalb du eine Abneigung gegen dieses Thema entwickelt hast.

Aber lass dich heute von mir an die Hand nehmen, und dir diese prickelnde Welt näherbringen.

Lack, Leder, Handschellen und viel mehr. Es gibt so vieles, das man ausprobieren kann und Achtung: Auch soll!

Jetzt bloss keine Angst haben, neues auszuprobieren. Man wird nicht gleich als krank oder nicht normal bezeichnet, wenn man experimentierfreudig ist.

Die einen lieben es Hart und laut im Bett und andere wiederum wollen ihren Sex, wie eine zarte Blume behandeln: zärtlich, respektvoll und sehr einfühlsam.

Aber sind wir mal ganz ehrlich. In jedem von uns schlummert eine dunkle, aufregende und verbotene Seite ;-) Den Dreier mit der Nachbarin und ihrem Mann oder vielleicht zusehen wie ein anderer mit dem eigenen Partner gerade zugange ist?

Darf es vielleicht eine Domina sein, die mit ihrem Latexbody, ihren Netzstrümpfen und den knielangen Stiefeln, vor dir steht? In der einen Hand hält sie eine Hundeleine die an deinem Halsband befestigt ist, und in der anderen die Gerte, die bereit zum Ausschlag ist sobald du ein Fehler machst.

All diese Fantasien zeigen, wie wir in unserem Innersten wirklich sind und was wir uns im Bett wünschen und auch brauchen.

Wenn ich dich jetzt frage, was deine dunkle Fantasie ist, weiss ich genau, dass dir ein Lächeln über die Lippen huscht und du etwas verlegen wirst. Das ist auch ganz normal und verständlich. Ich kann dich beruhigen, mir geht es genauso.

Männer und Frauen haben ein unterschiedliches Verständnis für Fetische.
Fetischismus wird bei den Männern häufiger angetroffen als bei den Frauen.
Die einen Männer stehen auf kurvige Frauen mit einem üppig ausgefüllten BH, andere wiederum stehen auf ganz schlanke, zierliche Frauen. Auch hier gibt es grosse Unterschiede wovon unsere Männer fantasieren.

Die Frauen hingegen sehnen sich oft nach einem Mann der ihr zeigt, wo es lang geht. Fesselspiele, sogenanntes Bondage, Augenverbinden und Abwechslung im Bett. Diese bescheidenen Dinge, können in jeder Frau die Leidenschaft entfachen, um sie so zu erleben, wie sie in Wirklichkeit ist.

Hast du eine Neigung, die dir im Bett so richtig den Kick gibt, ohne die es manchmal schwierig ist, zum Höhepunkt zu kommen? Dann könnte dies dein Fetisch sein. Keine Angst! Das heisst jetzt nicht, dass du krank oder gar pervers bist. Es zeigt, dass auch du einen Fetisch hast.
Jeder Mensch hat diese eine Seite an sich, die er nicht immer zeigen will oder kann.

Fetisch beim Mann

Wenn ich jetzt anhand meiner Erfahrungen schätze, stehen ca. 70% der Männer darauf, ein Sklave zu sein. Um sich ein besseres Bild davon zu machen, musst du einige Kategorien der Sklaven kennen.

Es gibt zum Beispiel **Putzsklaven**. Was genau tut so ein Sklave denn?
Der Putzsklave dient einer Domina im Haushalt. Er verrichtet ihre Hausarbeit und verlangt dafür nicht mehr als strenge Erziehung und wenn nötig auch Schläge, um den nutzlosen Sklaven zu erziehen.

Für den Sklaven gibt es nichts Schöneres als für seine Herrin den Haushalt zu machen und dann noch mit der Gerte oder Peitsche den Hintern versohlt zu bekommen. Denn das heisst für ihn, dass die Herrin ihre Aufmerksamkeit dem Sklaven widmet.

Ein Stundenhonorar für die Herrin wird vorgängig ausgemacht.

Was ein Putzsklave für eine Stunde hinblättern muss, kann zwischen 10.- bis 1000.- Euro liegen. Bei einer erfahrenen Herrin liegt der Preis meistens höher, als bei einer Domina die neu auf diesem Gebiet praktiziert.
Nicht schlecht. Würde sich durchaus lohnen ;-)

Dann gibt es noch den Sklaven der am liebsten 24h Überwachung haben will. Eingesperrt in einem Keller oder noch besser nackt in einem Käfig gehalten werden wie ein Hund. Demütigung, Schläge oder von seiner Herrin als Toilette benutzt zu werden, um nur einige Beispiele zu nennen, gehören zu seinen Vorlieben.
Auch hier ist der Preis Verhandlungssache.
Ich stelle mir gerade vor wie es wäre, wenn ich all die Leute die mir auf den Senkel gehen, so halten und behandeln könnte. Ausser das mit der Toilette, da ist bei mir Schluss. Aber der Rest...
Wieso nicht?

Online-Sklaven sind einer der beliebteren und immer mehr gängigeren Erziehung bei den Herrinnen, da sich diese von überall aus praktizieren lässt.
Die Erziehung erfolgt per Mail, Skype, WhatsApp oder SMS.

Diese Beziehungsart zwischen den beiden, erfordert sehr viel Fantasie, Leidenschaft und nicht zu wenig Ideen von einer Online-Domina.

Die Aufgaben und Regeln die ein Sklave befolgen muss, sollten sehr abwechslungsreich und machbar sein.
Das Bestrafen eines Sklaven virtuell, kann sich als sehr schwierig gestalten, da die Präsenz einer Domina einfach fehlt.

Seien wir doch ehrlich, niemand bestraft sich alleine so, wie eine Domina es tun würde. Einen Regelverstoss oder gar die Verweigerung einer Aufgabe bestraft die Herrin nach ihrem Ermessen, sowie nach Lust und Laune.

Der Sklave wird dann aber versucht so hart wie möglich, bestraft zu werden wie es möglich ist.

Dann gibt es noch die Zahlungssklaven, gerne auch **„Zahlschwein-chen"** von Dominas genannt. Einen der beliebtesten Sklaven, die es gibt. Logisch, oder? ;-)Auch hier gibt es unterschiedliche Arten wie dies praktiziert wird.

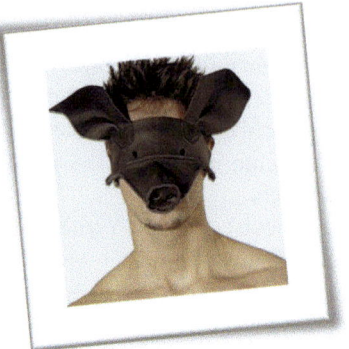

Die einen bezahlen einer Herrin einen fixen Betrag im Monat und dafür verlangt er lediglich zu sehen, was sich seine Herrin gegönnt hat. Dieser sieht seine Befriedigung darin, einer Herrin den Unterhalt und Luxus zu ermöglichen, die Sie, in den Augen des Sklaven, verdient.

Andere wiederum wollen ruiniert werden. Sie geben der Herrin die Kontodaten und das gesamte Vermögen, das sie besitzen. Nur um von einer Herrin besessen und womöglich noch erpresst zu werden. Blackmail nennt man diese Art, der Erziehung. Peinliche Fotos vom nackten Sklaven sind sehr praktisch, um ihn unter Druck zu setzen, falls er nicht parieren will.

Bevor dieser Sklave seiner Herrin diese Macht übergibt, ist eine vertraute Basis unumgänglich, beiderseits. Heisst: Die beiden Parteien kennen sich in der Regel sehr gut und vertrauen einander quasi Blind. Ich empfehle vor der Übergabe des Kontos und dem Leben, ein Treffen an einem öffentlichen Ort um die Details genau zu besprechen und fest zu halten.

Du fragst dich wo sich solche Sklaven finden?
Schwierig zu sagen, wo sich dieser kleine Jackpot versteckt ;-)
Im Internet ist es praktisch unmöglich, da sich fast jeder zu einer Niete entpuppt. Daher entwickelt sich diese Art, bei der regelmässigen Erziehung. Sofern sich das ein Sklave wünscht.

Logisch auch, dass solche Sklaven weg gehen wie warme Semmel.
Diese Art von Einnahmequelle, kann sehr lukrativ sein.
Enttäuschungen jedoch sind auf beiden Seiten möglich, also Augen auf.

Realerziehung ist eine Sklavenhaltung, die eine entsprechende Einrichtung sowie die nötigen Utensilien erfordert. Solche Räume oder Zimmer werden auch im Internet angeboten. Man kann sie stundenweise mieten. Eine Domina ohne Vorkenntnisse oder entsprechende Ausbildung sollte allerdings die Finger davonlassen und sich keinen Sklaven zum Erziehen suchen.

Bei dieser Erziehung wird oft Bondage, Würgen und Analspiele praktiziert. Damit Unfälle oder Vorfälle vermieden werden, braucht es ein fundiertes Wissen. Das kann man nicht nur vom Zusehen oder im Internet lernen.

Es empfiehlt sich immer vor einer Realerziehung den Sklaven an einem öffentlichen Ort kennen zu lernen um auch zu sehen, ob die Chemie stimmt und vor allem ob beide Parteien bis dahin auch ehrlich zueinander waren.

Domina wird man nicht *einfach* mal so aus einer *Laune* heraus. Diese *einzigartige* Gabe ist in einer *Frau* verankert.
Man wird nicht zu einer *Domina*, man ist eine *Domina*.

Gwendoline P. Point

Das ist nichts was eine Frau sich aneignen, oder anlernen kann. Entweder man hat es in sich oder nicht.

Das Einzige was man erlernen kann, ist der richtige Umgang mit den Sklaven, sowie mit den benötigten Folterinstrumenten ;-)

Viele Frauen versuchen sich als **„möchte gern Dominas"** nur des Geldes wegen, diese fliegen jedoch sehr rasch auf und hören gleich schnell damit wieder auf, wie sie angefangen haben.

Der nächste Kandidat ist für eine Domina sehr amüsant. Das ist der Sklave, der sich **feminisieren** lassen will.

Eine nette Abwechslung für eine Domina.

Er ist in etwa mit einem Transvestiten zu verglei-chen. Nur geht dieser Sklave etwas weiter.

Er liebt es, sich wie eine Frau zu kleiden, zu ver-halten und nicht zuletzt auch wie eine Frau zu fühlen. Reizwäsche und High Heels zu tragen gehören da selbstverständlich auch dazu.

Es gibt auch Diejenigen die Tampons, Binden oder Slip Einlagen benutzen, um sich noch mehr als Frau zu fühlen. Schminken und Perücken tragen, sind ebenfalls keine Seltenheit.

Er gibt die Kontrolle komplett ab und will, dass, die Herrin bestimmt was er am Tag und auch nachts tragen muss. Die Domina kann auch bestimmen, ob er bei der Arbeit, unter seiner normalen Kleidung Frauenwäsche tragen muss. Sofern dies möglich ist, ohne sich seinem Umfeld zu offenbaren.

Es gibt viele verschiedene Arten von Sklaven. Alle zu nennen oder gar zu kennen ist praktisch unmöglich.

Ein Sklave zu sein bedeutet nicht, im echten Leben eine Niete oder gar ein unsicherer Mensch zu sein. Im Gegenteil:

Viele Sklaven sind erfolgreiche Geschäftsleute, die eine hohe Position oder sogar Geschäftsinhaber sind. Diese müssen den ganzen Tag den Tarif durchgeben und dürfen keine Schwäche zeigen. Da kommt eine strenge Hand einer Domina sehr gelegen um wieder auf den Boden der Tatsachen zu kommen.

So wie es Domina`s gibt, ist auch bei den Männern diese Art von Fetisch vertreten. Das sind so genannte **Doms**. Es gibt jedoch viel mehr Domina`s als Dom`s.

Wenige Frauen lassen sich auf diese Art der absoluten Gehorsamkeit ein und geben die Kontrolle einer zweiten Person ab.

Einige Frauen machen es nicht, weil sie sich schämen, andere wiederum nicht, weil sie schlechte Erfahrungen in dieser Art von Zusammenspiel, machen mussten.

Das Vertrauen zu einer Domina oder Dom ist das Wichtigste, um eine langfristige Beziehung zu pflegen.

Viele sind in einer Paarbeziehung und können, oder wollen dem Partner nicht offenbaren, was sie sich wünschen. Vielleicht aus Scham oder aus Angst, vom Gegenüber mit Missverständnis und Vorurteilen konfrontiert zu werden.
Zudem öffnen sich Frauen gegenüber dem Partner nicht so leicht wie die Männer. Dabei ist es sehr wichtig, in einer Beziehung immer offen und ehrlich zueinander zu sein.

Eine Partnerschaft ohne Ehrlichkeit und Verständnis kann langfristig nicht funktionieren. Egal ob der Partner eine Neigung hat, mit der man persönlich nichts anfangen kann, oder nicht.

Wenn man nicht miteinander reden kann oder will, ist das der Tod für jede Beziehung.

Der Lack und Latex träger

Dieser würde am liebsten das Tragen von Latex, Lack, Leder oder Datex den ganzen Tag tun ohne Ausnahme und ohne einen anderen Stoff auf seine Haut zu lassen.
Für ihn ist das Tragen von Latexkleidung so normal, wie für andere es eine Jeans ist.

Latex ist in der BDSM-Szene (BDSM ist die heute in der Fachliteratur gebräuchliche Sammelbezeichnung für eine Gruppe die sexuellen Vorlieben, die oft unschärfer als Sadomasochismus. Kurz: *SM* oder *Sado-Maso*) bezeichnet werden.
Weitere mögliche Bezeichnungen für BDSM sind beispielsweise *Ledersex* oder *Kinky Sex*, welche eine Selbstverständlichkeit ist und dazu gehört, wie das Amen in der Kirche.

Das Tragen von Latex fühlt sich durchaus sehr angenehm an. Beim Anziehen kann es sich etwas kalt anfühlen, aber durch die eigene Körperwärme wird es sehr schnell behaglich.

Das Material selbst besteht aus Gummi, welches sehr elastisch ist sich perfekt der Körperform anpasst.
Um es anziehen zu können, hilft schon eine kleine Menge Talkumpulver. Der Glanzspray verleiht dem Material dann den letzten Schliff und lässt es in seiner ganzen Pracht förmlich strahlen ;-)

Die richtige Pflege ist sehr wichtig.

Hier eine kleine Anleitung für die richtige Pflege, Aufbewahrung sowie die Handhabung mit diesem hautengen Material

Vor jedem an- und ausziehen ...

... sämtlichen Schmuck und sonstige spitzen Gegenstände entfernen. Auch lange Fingernägel bitte mit grosser Sorgfalt einsetzen. Gedehntes Material reagiert sofort mit einem Loch oder Riss. Also mit Geduld und Vorsicht ans Werk gehen. Sollte es zu fest klemmen, dann bitte deinen Partner um Hilfe.

Auch mit dem Talkumpuder
sparsam umgehen, da das
Puder nicht nur auf der
Haut haftet, es setzt sich auf den
Boden fest und kann durchaus
Flecken verursachen. Ausserdem
verstopft das Puder die Poren der
Haut und verhindert, dass die Haut
Flüssigkeit bildet, was das Latex auf
der Haut etwas besser gleiten lässt.

Um Latex zum Glanz zu bringen ...

... braucht es den Glanz-Spray. Sobald du es anhast, kannst du
mit diesem Spray das Kleid komplett einsprühen. Vorsicht! Auch
hier besteht Rutschgefahr auf den Boden.
Am Besten stellst du dich während dem
Sprayen auf ein Badetuch.
Latex ist sehr empfindlich ...
... auf UV-Strahlen, Hitze und Tro-
ckenheit. Die beste Lagerung dafür
ist, es an einen Kleiderbügel zu hängen und einen schwarzen Sack darüber zu stülpen.

Ganz wichtig:

Niemals farbiges Latex an densel-
ben Bügel hängen, da sich die
Farben verflecken und vermi-
schen könnten. Jedes Stück ein-
zeln aufhängen und Sack darüber. Dann spielt es keine
Rolle, wenn sie hintereinander
hängen.

Bondage Spiele

Über kaum eine andere Technik in der Welt der BDSM-Spiele wird soviel geschrieben, wie über das Fesseln der Partnerin oder des Partners, das "Bondage".

Das Spektrum reicht von leichten, manchmal nur symbolisch angedeuteten Fesselungen, über strengere Fixierungen um die Sklavin oder den Sklaven für weitere Aktivitäten vorzubereiten bis hin zu kunstvoll gelegten Fesselungen, bekannt unter dem Begriff japanische oder asiatische Bondage.
Fesselspiele können für beide Akteure sehr reizvoll sein.

Für den fesselnden Part mag es lustvoll sein, seiner Partnerin oder seinem Partner für eine gewisse Zeit die Bewegungsfreiheit einzuschränken um sie oder ihn mal völlig zu reizen oder auch zu verwöhnen.
Gefesselt werden auf der anderen Seite bedeutet, die Kontrolle abzugeben, sich nicht mehr wehren können und so vielleicht Dinge geniessen zu können, denen man sich ungefesselt nicht hingeben könnte.

Der oder die Gefesselte ist zur Passivität gezwungen. Er muss erdulden, was immer seine Partnerin mit ihm anstellen möchte. Ein durchaus reizvoller Gedanke, oder?

Natürlich können Fesselungen auch so angelegt werden, dass sie für den Gefesselten nicht sehr bequem sind.
Freunde dieser Spielart sprechen dann von "Lustschmerz".

Einengende Schnürungen oder durch Fesselung erzwungene Stellungen, die unter Umständen noch unangenehmer werden, wenn man sich wehrt, können das Verlangen unermesslich steigern.

Denkt man daran, Bondage einmal auszuprobieren, muss der zweite Gedanke dem Thema "Sicherheit" gewidmet werden.
Welche Materialen verwendet man?
Wie soll die Fesselung angelegt werden ohne dass Verletzungen entstehen können?
Was ist für den Fall vorzusehen, wenn sich der oder die Gefesselte nicht mehr wohl fühlt?

Das Internet bietet eine Fülle von Anleitungen und Tipps rund umfasst Thema Bondage. Nehmt euch die Zeit und informiert euch eingehend bevor ihr euch an die Ausführung macht.

Lest die Beiträge kritisch; nicht alles, was im Internet steht, ist richtig und vernünftig. Hier ist der gesunde Menschenverstand gefragt.

Ich habe euch unten ein paar Punkte, die mir aus meiner Erfahrung sehr wichtig erscheinen, aufgeführt.
Nehmt diese Tipps als Einstieg, wenn ihr den Schritt zu einem Fesselspiel unternehmen wollt.

Viel Spass :-)! Berichtet mir doch über eure Erfahrungen und fragt nach, wenn ihr etwas genauer wissen wollt.

Wichtig:

Bei der Wahl geeigneter Fesselmaterialen sind kaum Grenzen gesetzt. Vom Seidenschal bis zur Kerkerkette kann alles verwendet werden.

Elastische Materialen (z.B. Nylons, oder elastische Seile) sind ungeeignet. Sie ziehen sich unkontrolliert zusammen, wenn sich der oder die Gefesselte in den Fesseln windet.

Wenn ihr Seile verwenden wollt, eignen sich Baumwollseile am besten. Vorsicht beim Durchziehen von Seilen über die Haut. Da entstehen schnell Verbrennungen.

Bei festen Utensilien wie Handschellen oder Ketten besteht eine grosse Gefahr, sich zu verletzen.

Vor allem für Einsteiger eignen sich Fesselsets am besten.

Sicherheit: Hals und Nacken sind natürlich Tabuzonen. Auch Gelenke wie Ellbogen oder Knie sollten - wenn überhaupt - sehr vorsichtig mit einbezogen werden.

Sicherheit: Haltet immer ein geeignetes Werkzeug zum schnellen Lösen der Fesseln bereit (am besten eine Verbandsschere).

Sicherheit: Nicht zu fest anziehen! Bei einem tauben Gefühl oder Kälte in einer Gliedmasse liegt die Fesselung zu eng. Sofort lösen!

<u>Aber vor allem: Lasst nie euren gefesselten Partner alleine!</u>
(Auch dann nicht, wenn das die Gelegenheit wäre, sich endlich wieder mit Freunden zu treffen, die sie oder er nicht besonders mag.)

Weiter zum *Schuhfetischisten*:

Ein solcher Fetisch kann sich auf verschiedene Arten zeigen.

Es gibt Männer, die stehen drauf, wenn die Frau beim Sex verführerische Schuhe trägt, die er während des Aktes liebkosen, lecken und riechen kann. Das stört viele Frauen nicht oder wenig, es kann durchaus möglich sein, dass es sie noch mehr antörnt, wenn er das macht.

Weniger Lustig finden sie es hingegen, wenn sich der Partner nach Schuhen oder Düfte von Fremden Frauen auf die Suche macht.

Zum Beispiel im Internet danach sucht oder fremde Frauen in einem Schuhgeschäft heimlich beobachtet.

Wie sie ihre perfekten Füsse darin präsentiert, rumstolziert wie eine Prinzessin und er sich fragt: „Wie wohl ihre Zehen schmecken?"

Und Boing, da macht sich bereits die Beule in der Hose bemerkbar. In diesem Zustand vergisst man(n) schnell mal, dass man sich in einem Geschäft befindet und nicht etwa zuhause am PC.

Solche Aktionen können lange gut gehen. Was aber auch durchaus passieren kann ist, dass der „Spanner" auf frischer Tat ertappt wird, wie er sich die Frauen ansieht und im versteckten mit der Latte in der Hose daran ergötzt.

Noch weniger prickelnd wird es, wenn die Partnerin dahinterkommt und - vertrau mir sie wird dahinter kommen -, dann ist ein Streit vorprogrammiert.

Ich habe von einem Schuhfetischisten erfahren, dass er sich gerne hinter einem Schuhgestell versteckt, sich eine Kandidatin aussucht und ihr unauffällig folgt, auf der Suche nach den richtigen Schuhen.

Er beobachtet sie zuerst unauffällig aus der Ferne und wartet auf den richtigen Moment sie anzusprechen. Er erzählt ihr dann, er wolle seiner Freundin ein Paar Schuhe schenken und bräuchte dafür den professionellen Rat einer Frau.
Auch dass er deswegen auch schon fix und fertig ist, da er schon länger hin und her irrt und überlegt, was ihr so gefallen könnte. (Damit erklärt sich auch wieso er etwas verschwitzt und unruhig erscheint. Nicht schlecht, ganz schön clever.)

Ich habe dann nachgefragt, ob die Frauen ihm denn diese Geschichte auch abkaufen würden? Lachend nickt er und fügte noch hinzu, so sei er auch schon mal zu einer Frau gekommen, die für ihn, gegen Bezahlung Schuhe getragen hat.

Da war ich baff, dass er sich einerseits getraut hat sie zu fragen, ob sie für ihn, gegen Geld Schuhe tragen würde und andererseits verwunderte es mich, dass eine Frau darauf anspringen würde, so in der Öffentlichkeit. Zuhause am Computer vielleicht noch eher, aber direkt so gefragt zu werden? Da muss ich offen gestehen, dass ich ihn eher mit den Schuhen verprügelt hätte, als mit ja zu antworten.

 Aber wer weiss, ob diejenige Dame genau darauf gewartet hat, für einen Mann Schuhe tragen zu dürfen und sich damit noch Taschengeld dazu zu verdienen?

Dies kann zugleich auch ein Fetisch der Frau sein, das dem Mann zu Gute kommt ;-). Jeder Mensch hat eine Fassade, die er in der Öffentlichkeit wahrt.

Dann gäbe es noch den **Schuhliebhaber**, der am liebsten selbst mit den hohen Schuhen rumläuft. Das deprimierende dabei ist, dass einige Männer sogar viel besser damit herumlaufen, als geübte Frauen.

Das sehe ich fast Täglich auf der Arbeit. Was? Auf der Arbeit? JA! Mein Arbeitsplatz ist ein Ort der Lust, Fantasie und... Alltag. Haha.
Da könnte man fast neidisch werden. Aber nur fast.

Zurück zum Thema.

Es kommen regelmässig Männer ins Geschäft, die sich die Schuhe anziehen und dann, wie auf einem Catwalk im Laden rauf und runter laufen.
Sie geniessen es über allen Massen, wie ich erstaunt danebenstehe und mir mit offenem Mund, ihre Show ansehe.

Wenn ich mich dann noch mit glänzenden Augen vor sie stelle um mich mit ihnen über die Schuhe, und wie höher der Absatz umso schöner die Beine wirken, dann sprechen sie wie ein Wasserfall und ich entlocke ihnen dabei sehr viel über das Leben eines Frauenschuhträgers ;-)

Auch das Versteckspiel, die Heimlichtuerei und das „falsche Spiel" gegenüber der Partnerin, sind immer wieder Thema. Durch diese Gespräche wird mir bewusst, wie sensibel und verständnisvoll sie gegenüber Frauen sind.

Klar einige Kolleginnen im Geschäft machen sich lustig über diese Männer, bezeichnen sie als nicht normal und peinlich. Ich ertappte einige sogar, wie sie mit Kollegen in anderen Filialen darüber witzelten. Was ich persönlich als sehr verletzend und hinterhältig finde, ist folgender Satz: „Die schämen sich nicht mal, damit rum zu laufen und sich noch hübsch zu fühlen. Aber uns kann es ja egal sein, Hauptsache die Idioten kaufen die Schuhe bei uns."

Das war auch der Grund, warum ich die Filiale gewechselt habe. Es kann doch nicht sein, dass wir so über andere Menschen reden, ohne zu wissen wie schwer einige es hatten, sich so zu öffnen. Bis es soweit ist, dass ein Mann freiwillig in ein Geschäft kommt, wo Männerkundschaft dominiert und sich dann Frauenschuhe anzieht und damit rumläuft, braucht es sehr viel Vertrauen in die Person die da arbeitet. Und die Verkäuferin spielt ein falsches Spiel mit dem Kunden. Sagt wie gut ihm die Schuhe stehen und wie eifersüchtig sie auf diesen langen Beinen ist und bla, bla, nur um teure Schuhe zu verkaufen. Sehr unprofessionell.

Liebe Männer, lasst euch nicht einlullen von solchen Gesprächen, die wollen nur teure Schuhe verkaufen und sich dann hinter eurem Rücken einen Spass erlauben. Wenn ihr mir nicht glaubt, dann macht selbst den Test. Wenn ihr in so einem Geschäft wart, in der die Verkäuferin euch schon fast krankhaft freundlich und lieb beriet, geht nach dem Besuch raus und wartet an einer Ecke wo ihr sie sehen und am besten hören könnt, ohne dass sie euch sieht. Es wird nicht lange dauern, bis die Lästereien mit der Kollegin losgehen.

Sicherlich ist es nicht einfach einen Ort zu finden, in dem man ohne Bedenken Frauenschuhe anziehen kann. Aber es ist nicht ganz unmöglich.
Onlineshopping erleichtert diesen Weg ein Stück weit schon. Nur wenn die Schuhe dann nicht passen oder nicht gefallen, müssen sie wieder zurückgeschickt werden.

Für Männer, die gerne die Schuhe ihrer Partnerin tragen hier dazu noch eine Mutprobe:

Wenn die Frau im Fernseher einen Mann sieht, der mit High Heels oder schon fast mit Stelzen rumläuft und das auch noch so souverän und gut macht ohne hinzufallen, dass sie vor Neid erblasst, findet sie das trotzdem toll. Auch dass ein Mann keine Angst hat, seine weibliche Seite, die sogenannte Metrosexualität (nein Jungs, der macht nichts mit Zügen), im Fernsehen zu zeigen findet sie richtig.

Wenn dann der Mann sich über diesen besagten „Gott der Schuhe" auch noch lustig macht, verteidigt sie ihn mit folgendem Satz: „Ach, du hast doch keine Ahnung, der zeigt nur seine weibliche Seite, hab dich nicht so!"

Dann rate ich diesen Männern, die heimlich die Schuhe der Partnerin tragen, folgendes:

Falls euch eure Partnerin mal erwischen sollte, wie ihr ihre Schuhe tragt, dann stellt euch selbstbewusst vor sie hin, schaut ihr tief in die Augen und sagt folgenden Satz: „Ich bin Metrosexuell. Ich zeige nur meine weibliche Seite!" Dreht euch um und stolziert weg. Wichtig dabei ist, dass ihr dieselbe Körpersprache benutzt wie eine Frau. Also wenn ihr also sagt „Ich zeige nur meine weibliche Seite", tut dies mit Stolz und zeigt etwas Verletzlichkeit. Das wird sie so umhauen und sie vergisst sofort wieso sie eigentlich wütend ist.

Weiter geht es mit dem Schuhfetischisten, der sich im Internet **getragene Schuhe** bestellt.

Es gibt viele Portale im Netz die Gratis-Inserate anbieten. Unter der Rubrik Erotik finden sich einige Inserate von Damen, die ihre getragenen Schuhe zum Verkauf anbieten. Von günstig bis hin zu absurd teuer. Ich habe einige Inserate genauer unter die Lupe genommen und mich auf diese gemeldet, mit der scheinbaren Absicht, die Schuhe zu kaufen. Was man da so alles erfährt ist unglaublich.

Ein Inserat vom 09.09.16 mit den jeweiligen Mails habe ich hier für dich dokumentiert:

Gut riechende Schuhe für den ultimativen Schnüffler...
(Anbei ein Foto von den schwarzen High Heels)

Du liebst den Duft von getragenen Schuhen? Du willst daran riechen, lecken und dich in Ekstase bringen?
Dann habe ich hier für dich den ultimativen Knaller der dich mit Garantie in den 7. Himmel bringt.
Meine abgewetzten Schuhe sehnen sich nach einem würdigen Liebhaber.
Ich ziehe die Schuhe nochmals für dich an und mache dir auch gerne ein Tragefoto.
Die Schuhe gehören für nur 80.— plus 9.— Porto dir.
Du möchtest, dass ich die Schuhe während dem Sex anziehe? Kein Problem! Gegen einen kleinen Aufpreis, erfülle ich dir auch diesen Wunsch.
Alles Weitere besprechen wir per Mail.

Wichtig: Keine persönliche Übergabe, kein Date oder Sex.

Daraufhin habe ich ihr dann geschrieben:

Hi unbekannte Schönheit

Bin gerade über dein inte-
ressantes Inserat gestolpert.
Sehr gerne würde ich an
diesen Schuhen schnüffeln.

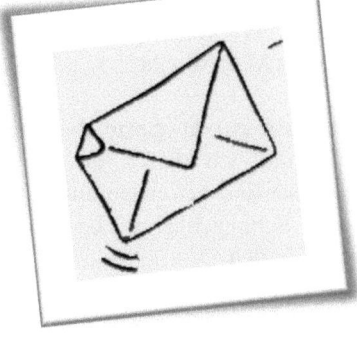

Schreib mir, falls die Schuhe
noch zu haben sind

Grüsse L.

Am 12.09.16 schrieb die Dame zurück:

Hi L

Die Schuhe sind noch zu haben ja. Hast du PayPal?

12.09.19 schrieb ich zurück

Ja ich habe PayPal. Aber ich möchte zuerst wissen, ob du auch
echt bist.
Kannst du mir ein Foto von deinen Füssen machen bitte?
Ich werde das Bild auch nicht weiter zeigen?

Danke

Ihre Antwort kam auch gleich zurück

Ich versende doch nicht einfach so Bilder von mir ins Blaue was
denkst du dir eigentlich dabei?

Meine Antwort darauf war:

Ich will mir hier nicht irgendwelche Fotos von dir erschnorren, will nur sehen, ob du auch wirklich eine Frau bist.

Nach 1 ½ Stunden folgte folgendes Mail, von ihr:

Ich habe mir das ganze überlegt und ich denke, meine
Schuhe sind bei einem anderen Schuhliebhaber besser
aufgehoben.

Ich habe mir dann lange überlegt was ich ihr zurückschreiben
könnte, ohne sie zu bedrängen:

Ich bedaure deinen Entscheid, aber ich verstehe nicht ganz, wieso es ein Problem sein sollte ein Bild von deinen Füssen zu machen?

Ein Tragefoto bekäme ich sowieso von dir, laut deinem Inserat.

Sobald ich sehe, dass du eine Frau bist, wirst du das Geld auch bekommen.

So wie du dich verhältst, habe ich den Verdacht, dass du keine Frau bist.

Ihre Antwort sagte für mich alles:

Ich lasse mir von dir nichts unterstellen. Sicher bin ich eine Frau, was soll das Ganze?

Zudem habe ich, das Tragefoto nur erwähnt um mehr Mails zu bekommen.

Es ist schlussendlich sch... egal wer die Schuhe trägt, ob Mann oder Frau Hauptsache sie riechen gut und sind getragen.
Wenn ein Mann die Schuhe trägt, ist der Duft noch intensiver. Du verpasst da eine echte Chance.

Ich möchte keine E-Mails von dir bekommen, bye!

Diese Erfahrung hat mir noch einmal vor Augen geführt, wie falsch und verlogen das Internet sein kann. Also Vorsicht im Netz. Vieles ist nicht so wie es scheint und vor allem eins:

Wenn es zu schön ist um wahr zu sein, dann ist es auch nicht wahr.

Ich habe das Inserat danach nie wieder gefunden. Ich denke nicht, dass der oder diejenige aufgehört hat zu inserieren. Er oder sie wird vielmehr kreativer geworden sein, wie sich getragene

 Schuhe besser und ohne dass zu viel nachgefragt wird, verkaufen lassen.

Augen auf bei Inseraten im Netz. Immer nachhaken und auch mal unangenehme Fragen, charmant formulieren und stellen ;-).

Jeder der nichts zu verbergen hat, wird die Fragen beantworten.

Ich will ja alles wissen und habe selbst ein Inserat aufgegeben:

Lauffreudige Schuhe suchen neuen Besitzer

Meine ausgelatschten Schuhe benötigen einen Schuhliebhaber, der ihnen das gibt was sie schon lange nötig haben, nämlich: Liebe, Zuneigung und viele Streicheleinheiten.
Bist du ein Schuhliebhaber, der sich meinen Schuhen annimmt und sie zu seinen Zwecken benutzt? Ich trage die Schuhe täglich,

wenn ich zum Sport gehe, dementsprechend riechen sie auch intensiv nach meinem Schweiss.

Ich freue mich auf deine Antwort ☺

Ich mache keine Dates und suche auf diesem Weg auch keinen Sexpartner.

Sobald das Inserat freigeschaltet wurde, kamen auch schon die ersten E-Mails von Schuhliebhaber.

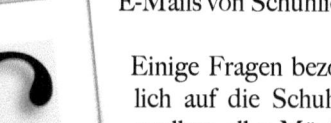

Einige Fragen bezogen sich ausschliesslich auf die Schuhe, andere wiederum wollten alles Mögliche von mir persönlich erfahren. Wie alt ich bin, woher ich komme, wie ich aussehe und ob ich Interesse daran hätte, mit ihnen Schuhe kaufen zu gehen?

Steht`s freundlich aber bestimmt, habe ich erklärt, dass ich einige Fragen aus Prinzipien nicht beantworten werde.

Meine High Heels habe ich schlussendlich zu einem fairen Preis verkaufen und somit einen Schuhliebhaber mehr, glücklich machen können. Von allen Mails die ich bekam, habe ich bis heute noch Kontakt zu einigen Schuh- und, wie sich später rausstellte, Unterwäscheliebhaber.

Sie haben mir einiges offenbart, dass ich hier preisgebe. Um sie zu schützen, verwende ich weder die echten Namen noch veröffentliche ich ihre Mails.

Einmal habe mich mit meiner Internet-Bekanntschaft getroffen und es entstand, ein unterhaltsamer Nachmittag, welcher mir um einiges Wissen mehr, bereichert wurde.

Ich wusste bis dahin noch gar nicht, dass es auch auf dem Strassenstrich sowas wie einen „Unterwäsche-Handel" gibt. Der neue Besitzer meiner Schuhe gestand mir, er sei von einer Dame so hin und weg gewesen, dass er ihr das Höschen abgekauft habe.

Zu seiner Verwunderung hatte sie in ihrer Handtasche „Ersatz Höschen" dabei. Auf das angesprochen antwortete sie lediglich, mit den Höschen verdiene sie noch etwas an Taschengeld dazu.

Viele ihrer Kunden verlangen, dass sie masturbiert und dabei das Höschen ganz nass macht.
Ihre Kunden behalten dann das Höschen, so als ob es eine Trophäe wäre, bis sie das nächste Mal ein neues Höschen von ihr bekommen.

Diese Kunden sind Singles welche sich ein regelmässiger Besuch bei ihr, nicht leisten können. Daher überbrücken sie die Zeit damit, bis zum nächsten Wiedersehen.

Eine Win-Win-Situation die sich für beide lohnt.
Es gibt noch viele Fetische die selbst mir noch unbekannt sind, interessiert warte ich, was sich im Laufe dieses Ratgebers noch so an Erfahrungen ergibt ;-)

Behalte folgendes im Kopf und im Herzen:

Einen Fetisch zu haben ist weder krank noch abartig.
Wichtig ist, dass man es akzeptiert und versucht,
es in einem angebrachten Rahmen auszuüben.

Der Nylon-Liebhaber

Hier gibt es zwei Arten wie sich dieser Fetischismus zeigen kann:

Zum einen gibt es den Mann, der selbst Nylons trägt. Das Tragen der Strümpfe gibt ihm ein gutes Gefühl. Der feine, angenehme Stoff, der sich um seine Beine, den Schaft sowie die Taille schmiegt, gibt ihm ein gutes Gefühl.

Zum anderen gibt es den Mann, der Strümpfe trägt die eine Dame zuvor getragen hat. Hierbei ist es für ihn sehr wichtig, dass die Strümpfe stark nach ihr riechen, vor allem im Intimbereich wo womöglich noch Spuren zu sehen sind. Einige mögen es, wenn die Dame diese vorher ohne Höschen trägt oder masturbiert und die Nylons richtig eingesaut hat.

Der Transsexuell-Liebhaber

Das kann ein Mann sein der selbst weder Transsexuell noch homosexuell ist, der sich aber entweder mit einem Transsexuellen trifft um Sex zu haben oder sich auch nur Pornos mit Transen ansieht und sich so befriedigt.
Viele Männer, die keine homosexuelle Neigungen haben, mögen diese Art von Sex. Auch nur um zu sehen, wie sich das anfühlt mit einem Transsexuellen Sex zu haben.

Die einen wollen beim Akt genommen werden, die anderen hingegen mögen nur derjenige zu sein, der es dem anderen besorgt.

Die Macht des Leders

Das Gefühl des weichen Leders, wie es sich um den Körper schmiegt. Zuerst fühlt es sich etwas kalt an, löst eine Gänsehaut aus, aber dann nimmt es die Körpertemperatur an und es fühlt sich fantastisch an.
Der leicht rauchige Geruch steigt sofort in die Nase und verleiht dem ganzen einen verruchten Anstrich.
Auf der Stelle fühlt man sich Machtvoll und zu allem bereit.

So müssen sich Catwomen und Batman fühlen.

Die Vorzüge des Leders sind unbeschreiblich. Das ist einer der vielen Gründe, wieso dieses Material so oft im Schlafzimmer verwendet wird.
Aber nicht nur in den eigenen vier Wänden ist es so beliebt.
Die Autoindustrie sowie Möbel- und Modedesigner verwenden dieses Material zu ihrem Vorteil.
Ein teures Auto ist Serienmässig mit diesem edlen Stoff ausgestattet.
Das signalisiert: Ich bin es wert!

Genauso musst du auch im Schlafzimmer denken. Du willst die Zügel in die Hand nehmen und etwas Neues erleben? Dann habe ich folgenden Tipp für dich:

Kauf dir ein Leder Outfit mit den passenden Accessoires.
Ein Lackkleid mit Highheels und als "kleines Mitbringsel" eine Peitsche.

Tipp für die Herren: Eine Gerte, einen Bondage Schal und Handfesseln.

Sei dein eigener Superheld. Benutze die Utensilien so als ob, sie deine Superkraft sind!

Jetzt viel Spass bei der Verbrecherjagd und lasst eure Fantasie freien Lauf ;-)

Fetisch bei einer Frau

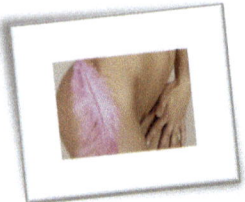

Die einzelnen Gespräche mit mehreren Frauen haben gezeigt, dass viele nicht genau wissen, was ihre Neigungen sind. Alle sind sich jedoch über eines sicher:

Sie haben nicht den Sex den sie sich wünschen und brauchen.

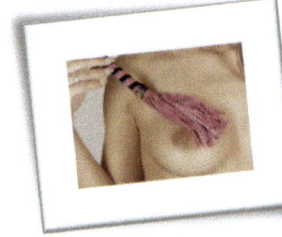

Ihre Partner nehmen wenig Rücksicht darauf was sich die Frauen wünschen, geschweige denn, ob sie überhaupt zum Höhepunkt kommen.

Ja das hat mich auch sehr traurig gestimmt.

Die Partner kommen nach der Arbeit nach Hause, machen es sich nach dem gekochten Abendessen auf dem Sofa gemütlich und später am Abend erwarten sie, dass die Frau ihren Pflichten im Schlafzimmer nachkommt.
Ich weiss, dass ein solches Verhalten oft an den Tag gelegt wird, leider.

Diese Gespräche haben mich sehr deprimiert.
Zu Anfang wollte ich es nicht glauben, dass von 10 Frauen 8, fast dasselbe erzählen. Nicht jede erzählte mir, dass sich ihr Partner lieber mit dem Fernseher und Sofa

beschäftigt, als ein Gespräch mit ihr zu führen. Viele gehen an den Computer oder zocken an der Konsole und erwarten dann, dass sich ihre Partnerin noch um ihre Wünsche kümmert.

Das heisst jetzt nicht, dass alle Männer so sind. Ich habe mit Männern gesprochen, die genau das Gegenteil sind.

Es ist nicht immer einfach in einer Beziehung, alles in perfekter Balance zu halten. Aber man kann es versuchen.

Einen Fetisch bei einer Frau zu finden ist sicher schwierig, denn eine Frau kann diese besser ausleben als ein Mann. Wenn eine

Frau auf Nylons steht, oder ihre devote Seite ausleben möchte, kann sie dies tun ohne dass es jemandem auffällt.

Viele haben bisexuelle Fantasien. Sie stellen sich vor, mit einer anderen Frau zu schlafen. Andere wiederum wünschen sich eine Frau als Sklavin zu halten und sie nach ihrem Vergnügen benutzen zu können.

Ich sehe dich gerade vor mir wie du schmunzelst, womöglich stellst du dir das gerade vor wie sie sich vergnügen ;-)

Keine der Frauen würde es zugeben, aber 7 von 10 haben Fantasien wie sie mit einer Gleichgeschlechtlichen, Berührungen und mehr austauschen.
3 von 10 haben bereits solche Erfahrungen gemacht.

Es gibt einige Extreme auch in der weiblichen Liga. Von einer Domina bis hin ein Vergewaltigungsopfer zu sein, war alles dabei.

Vieles was in diesen Gesprächen gesagt und thematisiert wurde, hat selbst mich verblüfft und teilweise auch geschockt. Ich hatte keine Ahnung, wie unterschiedlich Frauen im Gegensatz zu den Männern, Sex haben.

Obwohl auch den Frauen Abwechslung und Action im Bett wichtig ist, würden die meisten nichts ihrem Partner sagen, aus Angst „unnötige" Diskussionen und möglichen Missverständnissen auszulösen. Was absoluter Schwachsinn ist.

Wie lustig es doch wäre, wenn sie eine dominante Ader hat, die sie ausleben will und er der Sklave ist, der sich nichts sehnlichster wünscht als von einer Frau etwas Strenge und Erziehung zu erfahren. Aber nein, viele vermeiden das Gespräch und riskieren so, dass ihr Sexualleben immer langweiliger und seltener wird.

Eine gelangweilte Frau im Bett bestraft nicht nur sich selbst, sondern auch d den Partner. Es gibt doch nichts Schöneres, als wenn sie sich vor Lust windet und ihrem Partner zeiget, wie sehr sie es geniesst. Die Bewegungen ihn um den Verstand bringen bis sie gemeinsam zum Höhepunkt kommen.

Ein Tipp am Rande:

<u>Du gehörst mir!</u>

Sag das deiner Partnerin, wenn du das nächste Mal mit ihr im Bett bist.
Halt sie an den Händen fest. Lass sie nicht los! Sie soll sich unter dir winden. Geniesse die Macht, in diesem Moment.

Hauche ihr ins Ohr: "Du gehörst mir und ich lasse dich erst wieder los, wenn du gekommen bist."
Augenblicklich durchströmt Adrenalin ihren Körper. Sie wird jetzt alles mit sich lassen machen.
Zeig ihr, was du willst und hol es dir!

Sei nicht schüchtern, lass sie wissen, dass du das Sagen hast.

Frauen wollen ab und an, im Bett dominiert werden.
Sei der Dompteur, der aus dem Löwen ein liebes Kätzchen macht.

Spiel mit ihr. Sei ein kleines bisschen gemein, indem du sie täuscht, sie könne sich befreien. Lächle ihr zu, während sie sich wälzt und versucht dir zu entkommen. Zeig deine Entschlossenheit, indem du sie immer wieder packst, ins Bett drückst und ihr deine ganze Männlichkeit zu spüren gibst.
Lange wird sie sich nicht dagegen wehren.

Das erste Mal solltest du etwas "sanfter" ihre Hände festhalten. Dann nach und nach kannst den Druck erhöhen.

In jedem Mann steckt ein kleiner Mr. Grey. Du aber bist besser als er, denn du bist Real.

Lasst die Spiele beginnen und geniesst es ;-)

Ach meine Fantasie trägt mich gerade fort, Entschuldigung. Also weiter.

Die Schuhfetischistin unter den Frauen:

Ja, die gibt es tatsächlich, damit ist aber nicht die Shopping Queen der Schuhe gemeint, sondern diejenige, die sich mit Schuhen von anderen Frauen vergnügt. Der Vorteil von Frauen ist der Weg, wie sie an andere Schuhe kommen. Ja genau, durch ihre beste Freundin, bekannte und sogar Nachbarin ;-))

Frauen leihen sich vieles unter einander aus: Klamotten, Make-Up und Schuhe.

Ein richtiges Paradies für eine Schuhfetischistin und der Vorteil ist, sie können die „gebrauchten Schuhe" wieder zurückbringen und sich gleich neue Schuhe mitnehmen.

Da erblassen die Männer vor Neid, die diesen Vorteil nicht nutzen können.

Weiter zur Frau, die sich nur zum *Sex verabredet*:

Sex wie ein Mann haben! Heisst hier die Devise. Frauen, die entweder langweiligen Sex mit ihrem jetzigen Partner oder eine langjährige Beziehung hinter sich haben und frisch Single sind, haben oft Mal den Drang, Verpasstes nachzuholen. Da kommt Sex auf Bestellung gerade richtig.

Diese Frauen haben abwechslungsreicheren Sex. Aber zu welchem Preis?

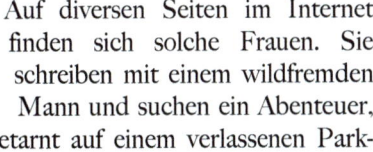

Auf diversen Seiten im Internet finden sich solche Frauen. Sie schreiben mit einem wildfremden Mann und suchen ein Abenteuer, getarnt auf einem verlassenen Parkplatz, der in einer dunklen Gasse steht oder nehmen ihn mit nach Hause um ihn dann, nach getaner „Arbeit" gleich wieder raus zu schmeissen, um sich ins nächste Abenteuer zu stürzen.

Sie verabreden sich mit nur einem einzigen Ziel: Ich will heute auf meine Kosten kommen, eine neue Stellung und Spielzeug ausprobieren. Heute Abend bin nur ich wichtig und ich gehe aufs Ganze!

Die Männer glauben die Oberhand und endlich eine Partnerin gefunden zu haben, die genau nach seinem Geschmack Sex hat.

Die Wahrheit ist jedoch, dass die Frau dieses Spiel erfunden hat, sie spielt nach ihren Regeln.

Wenn hinter diesem Verhalten eine gescheiterte Beziehung steht, wo der Partner sie betrogen hat, dann ist der Ausgangspunkt ein ganz anderer.

Diese Frauen können es nicht richtig verarbeiten, dass ihr Partner sie mit einer anderen betrogen hat und versuchen sich so indirekt an ihn zu rächen. Auch das Gefühl von Unsicherheit,

Frustration sowie Unbefriedigung in der Beziehung, können ein solches Verhalten hervorrufen.

So oder so, mach dir Gedanken darüber warum du dein Leben gerade so gestaltest. Versteh mich nicht falsch, ich bin dafür, dass du so lebst wie du willst, aber versuch zuerst dein Leid zu lindern, ansonsten läufst du Gefahr, dich ins noch grössere Chaos zu stürzen als du bereits schon bist.

Frische Singles in der heutigen Zeit, die lange in derselben Beziehung steckten, haben oft grössere Schwierigkeiten, sich in einen neuen Alltag ohne Partner, der sie womöglich ständig kontrolliert hat, zu meistern, als Singles die bereits seit einigen Jahren, alleine sind.

Heute ist es viel einfacher jemanden kennen zu lernen, Neues auszuprobieren und sich in etwas zu stürzen, ohne sich Gedanken über die Konsequenzen zu machen.

Der Grund für dieses Verhalten ist oft derselbe: *Ich fühle mich nicht gut und unbefriedigt. Also her mit Frischfleisch.*

Die Tatsache einen an der Angel zu haben, sich hinzugeben, einige bombastische Orgasmen zu erleben ist berauschend, jedoch wie alle anderen Drogen, nicht von langer Dauer bis der nächste ranmuss.

Das gute Gefühl hält immer weniger an, die Frustration steigt stetig an und sie sucht sich in immer kürzer werdenden Abständen den nächsten Hengst, der ihr das gute Gefühl wieder gibt und die Spirale geht immer weiter nach unten.

Irgendwann hat sie es satt, nur die Sorte Mann um sich zu haben, der mit ihr eine Nummer oder zwei schiebt und sich dann vom Acker macht. Sie wird sich früher oder später nach einem Partner sehnen, der sie mal in den Arm nimmt, für sie da ist und mit dem es sich das Leben geniessen lässt.

Ganz klar, die Hörner abstossen ist sicherlich gut. Bei dieser Art von Sex entdeckt man auch neue und wo mögliche verborgene, versaute Seiten an sich, die bis zu diesem Zeitpunkt tief in einer Ecke vergraben waren.

Die nächste Kandidatin gehört zu der Strengen Sorte und bei vielen Männern sehr beliebten Kategorie.

Richtig! Es ist die ***Domina.***

Heut Nacht wirst du mein Sklave sein. Gehörst dann mir, nur mir ganz allein. Dann zeig ich dir die Bondage-Spiele, mit der Gerte leichte Hiebe. Werde dich fesseln und dich knebeln, kannst dich nicht wehren, wirst schon sehen.
Musst still liegen, will mit dir spielen. Muss dich dominieren, sowie kontrollieren.
Ich allein werde dann entscheiden, ob ich dich noch lange lasse leiden.
Ganz egal wie das Spiel verrinnt, glasklar ist, die Domina gewinnt.
Gwendoline P. Point

Eine Domina kennt weder Spass noch Gnade. Muahaha.
Zudem lässt sie ihre Untertanen bluten. So in etwa könnte man eine Domina beschreiben.
Nicht ganz richtig. Denn eine Domina hat durchaus Humor. Sie benutzt ihre Sklaven zu ihrer Belustigung und Freude. Das zeigt,

dass sie über eine humorvolle Ader verfügt. Wobei hier „Humor" mit Vorsicht zu geniessen ist. Nur weil eine Herrin mal lacht, heisst es nicht, dass es dem Sklaven nicht an den Kragen geht. Sarkasmus trifft es hier besser.

Eine Domina lässt es sich mit ihren Sklaven gut gehen. Sie befiehlt und ihr Schäfchen gehorcht und wenn nicht, dann folgt die Strafe sofort.

Viele glauben, eine Domina muss regelrecht einen Hass auf die Männer haben, ansonsten könnte sie keine Domina sein. Diese Behauptung ist nicht unbedingt richtig.
Es ist gut möglich, dass die eine oder andere Domina eine Wut oder schlechte Erfahrung damit verarbeitet, in dem sie Männer quält und ihr das auch noch Vergnügen bereitet.
Aber das alleine macht noch lange keine Domina aus.

Das Ziel einer Domina ist ganz klar: Sie will zum einem das Sagen haben und unter anderem bestimmen, wie und ob ein Sklave zum Höhepunkt kommen darf. Kontrolle! Sie will und hat die Kontrolle.

Einige Domina`s benutzen ihre Sklaven auch für ihren persönlichen Sex. Andere wiederum vermieten sie an Dritte, für Partys oder auch für das private Vergnügen. Hierzu habe ich ein Gespräch mit einem Sklaven geführt, der für seine Herrin lebt und auch arbeiten geht. Er selbst fällt auch keine eigenen Entscheidungen mehr, alles was er tut, wird von ihr bestimmt. Auch wann er sich duscht, die Zähne putzt, selbst seinen Toiletten-Gang schreibt sie ihm vor. Das Gespräch mit ihm, wurde durch seine Herrin organisiert.

Wie ich ins Gespräch mit einer Domina komme? Ganz einfach, durch meinen Blog. Alles fing mit einer E-Mail an:

Hi, könnten Sie mir diverse Informationen über einige Produkte in Ihrem Shop geben?

Selbstverständlich beriet ich sie, solange bis sie mit ihrem Einkauf fertig war. Beim Verabschieden versprach sie mir, sich wieder bei mir zu melden, und so kam es, dass wir kurze Zeit darauf, mehrmals in der Woche miteinander per Mail schrieben.

Irgendwann fragte ich sie frei von der Leber weg, ob ich ihr einige Fragen stellen dürfte bezüglich Domina – Sklave Beziehung?

Ihre Antwort folgte prompt mit einem: Sicher, sehr gerne.

Zu meiner Verwunderung lud Sie mich zu sich nach Hause ein. Sichtlich nervös, aufgeregt und auch mit einer ordentlichen Portion Angst, stand ich dann zum genannten Termin bei ihr vor der Türe.

Als ich klingelte, hörte ich auch schon das klacken der Absätze, die mit jedem Schritt näherkamen, bis sie dann vor der Tür stehen blieb und mir dann das „Tor zu Hölle" öffnete.

Vor mir stand eine ältere, gutaussehende und gepflegte Dame mit einem einladenden Lächeln.

Auf einem Schlag war meine Nervosität wie weggeblasen und ich freute mich auf das Gespräch.

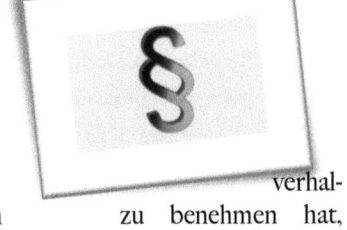

Sehr Wortgewandt beschrieb sie mir die diversen Abläufe, die üblich bei einer Session gemacht werden. Auch wie sich ein Sklave zu verhalten, wie er zu sprechen und sich zu benehmen hat, erklärte sie mir mit einem Strahlen in den Augen. In diesem Moment sah ich, wie sehr sie das ganze erfüllt und ihr auch Spass macht.

Sie hat mir ihre Regeln ganz klar definiert, die der Sklave zu befolgen hat:

Dies sind deine Regeln, die ab sofort zu befolgen hast. Liess sie dir sorgfältig durch:

1. Der Sklave muss sich Täglich bei mir melden. Ich will wissen wo er ist. Sollten sich seine Pläne ändern (unvorhergesehene Dinge geschehen), dann muss er mich umgehend informieren.

2. Ich bin seine Herrin und der mein Sklave, das heisst: Er ist immer für mich erreichbar (im Menschen mögliche Rahmen). Ich bin die Herrin ich schreibe ihm zurück, wenn ich kann.

3. Ich bin eine sehr beschäftigte Frau und habe viel um die Ohren, soll bedeuten: Der Sklave wartet immer geduldig bis sich seine gütige Herrin bei ihm meldet. Es wird kein Stress verursacht, es werden keine ungeduldigen Mails geschrieben und schon gar nicht die Herrin unter Druck gesetzt.
Sollte es zu Widerhandlungen seiner Seitz kommen, werde ich den Kontakt r ohne Vorankündigung abbrechen und werde dich auch nicht mehr zurücknehmen.

4. Ich stelle Forderungen und äussere Wünsche. Es ist ihm untersagt weder Wünsche zu äussern noch Forderungen zu stellen!

5. Ich dulde neben mir keine andere Herrin, Dom oder sonstiges. sollte ich den kleinsten Verdacht schöpfen, dass er nicht ehrlich zu mir ist, werde ich auch hier den Kontakt abbrechen.

6. Sex, Selbstbefriedigung oder sonstiges gibt es ab sofort nur mit meiner Erlaubnis. Wenn er es selber in die Hand nimmt, werde ich ihn hart dafür bestrafen.

7. Ich alleine bestimme die Strafen. Ich bestimme wie soft oder wie hart die Bestrafung ausfallen wird. Das können harmlose Dinge sein wie: Mit der flachen Hand auf den Hintern schlagen,

während er am Boden kniet, bis hin zu einer kleinen Geldstrafe (auch hier variiert der Betrag, je nach Art und vor allem wie oft diese Regel gebrochen wurde)

8. Alle diese Regeln können entweder von mir geändert, teils gestrichen und mit neuen ersetzt werden oder auch immer neue dazu kommen.
Diese Regeln muss er sich ins Gedächtnis einbrennen.

9. Das Ganze ist ein Spiel zwischen der Herrin und dem Sklaven. Es werden weder Daten, Fotos oder sonstiges an Dritte weitergegeben. Beide Parteien sind sich dem Bewusst und werden diese Regel niemals brechen.

10. Respekt und Achtung werden wir immer vor einander haben, egal was ist.

Diese ganzen Regeln bilden das Fundament unserer gemeinsamen Zeit und sind unentbehrlich für eine langfristige Beziehung die wir aufbauen.

Das sind nur einige Regeln die der Sklave zu befolgen hat.
Bei ihr zuhause, kommen noch ganz andere dazu.

Ich fragte sie ganz scheu ob sie denn ihre Sklaven auch bei ihr zu Hause empfangen würde. Mit einem Lächeln nahm sie meine Hand und sagte: „Komm, ich möchte dir etwas zeigen". Ich ahnte was jetzt kommen würde.

Wir liefen den Gang entlang bis wir vor einer Tür stehen blieben. „Du darfst die Tür jetzt öffnen", forderte sie mich mit ruhiger Stimme auf. In diesem Augenblick fühlte ich mich ebenfalls wie eine kleine Sklavin. Ohne gross zu überlegen drückte ich die Klinke nach unten und schob die Tür auf.

Ich sah direkt auf eine rote Wand an dem ein riesiges, mit schwarzem Leder überzogenes Holzkreuz angebracht war. Daneben war ein grosser Stuhl postiert, der mit weissem Leder überzogen war.

Die diversen „Folter-Helfer" hingen zum Teil an der Wand. Der grösste Teil der Utensilien war schön in einer Kommode verstaut. Einige Möbel hatte ich zuvor noch nie gesehen und war mir sicher, dass es sich um Einzelanfertigung handelte, die nur für diesen Raum geschaffen wurden.

Sie sah mich nur lächelnd an bevor sie mich fragte: „Möchtest du dich in den Sessel setzen?" Mein Herz hörte für einen Moment auf zu schlagen. *Was?! Ich soll mich dareinsetzen? Und was, wenn ich ja sage? Haut sie mich mit der Peitsche und sagt dann, das war ein Test und du bist durchgefallen?*

Ich will ja wissen wovon ich schreibe, also sagte ich: „Sehr gerne".

Sie wies mir den Weg und ich setzte mich in diesen Stuhl. Sofort fühlte ich mich mächtig. Am liebsten hätte ich jetzt jemanden rumkommandiert mir einen Kaffee zu
holen. Aber ich war ja allei
ne mit ihr im Raum, deshalb sprach ich meinen Wunsch nicht aus.
Nachdem ich den Sessel verlassen hatte, sah ich mich genau um. Auch die Folterinstrumente nahm ich näher unter die Lupe. Mit viel Engagement erklärte sie mir, welches Instrument für was ist.

Neben den Wachskerzen, gehörten diverse Dillatoren (ein Kegelförmiger Stab für diverse Körperöffnungen), ein Nadel Rad, Peniskäfige und noch vieles mehr dazu. Selbstverständlich kennt sie sich mit der Handhabung dieser Geräte, vollkommen aus.

Sie hat sich sehr viel Zeit für mich genommen und dafür danke ich ihr an dieser Stelle nochmal:

„Vielen lieben dank für deine kostbare Zeit, die du mir gewidmet hast und für deine tollen Erklärungen, sowie für deinen „Ausgeliehenen Sklaven".

Deine Erzählungen haben mir geholfen vieles zu verstehen und anderes wiederum, hat mich zum Nachdenken animiert".

Interview mit Sklave Sven

Ich sitze mit Lady Sara, gemeinsam auf dem bequemen Ledersofa. Vor uns kniet Sven B., 36 Jahre alt, Sklave von Lady Sara.

Seit wann weisst du, dass du ein Sklave bist und wie hast du es gemerkt?

Das weiss ich schon sehr lange, eigentlich schon immer. Ich merkte, dass mich Bilder und Texte von Frauen, die Kontrolle über einen Mann ausüben sehr anzogen. Ich hatte aber auch ganz normale sexuelle Bedürfnisse.

Welche Erfahrungen hast du bis jetzt gesammelt?

Lange Zeit hat sich mein Wunsch, mich einer Herrin hinzugeben, nur in meinem Kopf abgespielt. Erst vor ein paar Jahren habe ich das erste Mal eine Herrin kennengelernt. Sie hat mir dann alles gelehrt, was ein Sklave wissen muss.

Würdest du ohne das Sklave-Sein leben können?

Ich muss im normalen Leben ja oft unterdrücken, dass ich ein Sklave bin. Aber wenn ich es gar nicht mehr ausleben könnte, würde mir schon etwas fehlen.

Kennst du noch andere Sklaven? Stehst du im Kontakt mit anderen Sklaven?

Ich habe ein paar im Chat kennengelernt. Aber sonst stehe ich mit keinem anderen Sklaven in Kontakt.

Was sind so deine Aufgaben als Sklave?

Als Sklave diene ich meiner Herrin. Ich muss alles tun um sie zufrieden zu stellen. Die Herrin übt eine sehr strenge Kontrolle über mich aus. Sie weiss immer, wo ich bin und was ich gerade mache. Die Herrin stellt mir Aufgaben bei denen ich etwas für sie erledigen muss. Oft gibt sie mir aber auch Aufgaben, die mich an meine Stellung erinnern. Das kann dann schon mal Überwindung kosten, diese Aufgaben zu erledigen.

Wie hast du deine Neigung ausgelebt, als du noch keine Herrin hattest?

Das war eine einsame Sache. Ich habe viel im Internet einschlägige Geschichten gelesen, Bilder oder Filme angeschaut und gechattet. Und dann habe ich natürlich viel mit mir selbst gespielt.

Wie hast du deine Herrin kennengelernt?

Im Internet. Sie hatte in ihrem Profil geschrieben, dass sie einen neuen Sklaven aufnehmen könne. Ich habe mich beworben und Lady Sara hat mir gütiger Weise die Chance gegeben. Dafür bin ich meiner Herrin sehr dankbar.

Weiss deine Partnerin davon? Wenn nicht, wie denkst du würde sie reagieren?

Das ist eine schwierige Frage. Sie weiss es nicht aber ich vermute, Sie ahnt schon etwas. Ich habe mehrmals versucht, das Thema anzuschneiden. Aber sie lehnt das völlig ab. Darum will ich sie nicht weiter damit belasten.

Das du es geheim halten musst, stelle ich mir als sehr mühsam und bei manchen Situationen sicher auch riskant vor. Wie händelst du das?

Ich passe schon gut auf. Meine Spielsachen sind versteckt und ich nutze die Gelegenheiten, wenn ich alleine zu Hause bin. Aber es besteht immer ein Risiko. Damit muss ich leben.

Worin liegt der Reiz am Sklave sein?

Das kann ich nicht so richtig beantworten. Es ist einfach in mir drin. Ich denke, es ist für mich ein Ausgleich zum normalen Leben. Dort muss ich immer alles unter Kontrolle halten. Da ist es schön, sich mal fallenlassen zu können.

Danke, Lady Sara, dass ich mit Ihrem Sklaven sprechen durfte. Dir, Steve, danke ich für deine offenen Antworten. Wärst du bereit, weitere Fragen von meinen Blogleser und Leserinnen zu beantworten?

Wenn es mir die Herrin erlaubt, dann sehr gerne.

Dieses Interview fand in Lady Saras Wohnung Mitten in der Stadt Zürich statt. Während des Gesprächs spürte ich diese strenge Aura, die sie ausstrahlte, was mich zwischendurch nervös und doch neugierig machte. Ich kann sehr gut verstehen, dass wenn die Chemie zwischen Herrin und Sklave stimmt, durchaus eine harmonische Beziehung entstehen kann.

lesbische Fantasie:

Diejenigen Frauen, die sich Sex mit einer anderen Frau vorstellen, müssen nicht zwangsläufig lesbisch sein. Das können heterosexuelle Frauen sein, die eine neue Erfahrung machen wollen. Denn wer weiss besser, wie eine Frau berührt werden will, als eine andere Frau? ;-)

Lesbische Porno`s werden nicht nur von Männern angesehen. Nein auch Frauen nutzen diese Seiten, um sich ihrer Leidenschaft hinzugeben.

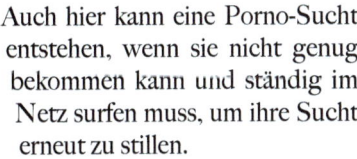

Auch hier kann eine Porno-Sucht entstehen, wenn sie nicht genug bekommen kann und ständig im Netz surfen muss, um ihre Sucht erneut zu stillen.

Du kannst dir nicht vorstellen, dass Frauen Pornosüchtig werden können?

Ich kenne keine Zahlen, die „belegen" wie viele Frauen pornosüchtig sind, wobei ich nichts auf Statistiken gebe. Aber ich habe einige Frauen kennen gelernt, die dieser Sucht verfallen sind. Sie sehen sich nicht zwangsläufig nur lesbische Pornos an, vielmehr sehen sie sich ausgefallene Filme an.
Dinge die sie selber nicht ausleben können oder wollen, es geht ihnen da mehr darum mal etwas anderes zu sehen und sich vorstellen wie es denn wäre, diese Dinge auszuprobieren.

Über seine Fantasien und Wünsche sprechen

„Schatz, ich steh auf Fuss Sex." Wie schön wäre es, wenn es so einfach ginge. Sich zu öffnen, frei sagen was du dir wünschst. Als ich von einem Mann gesagt bekam: „Ich schau dir oft auf deine Füsse" antwortete ich: „Ich habe immer gemeint du schaust auf meine Beine", etwas schockiert hörte ich weiter zu. „Ich stehe auf Füsse. Könntest du dir vorstellen, mit mir Fusssex zu haben?"

Mein Mund, bekam ich gar nicht mehr zu. Ich steh so gar nicht auf diesen Fetisch. Mehrere Versuche zeigten mir, dass dies nichts für mich ist.

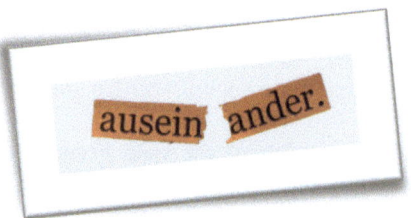

Statt mit ihm darüber zu sprechen, begann ich mich zurückzuziehen.

Irgendwann wurde es zu viel, da entschied ich mich die Beziehung zu beenden.

Mit diesem Beispiel will ich nur sagen, dass jeder für sich entscheiden muss, ob er oder sie diesen Fetisch mit seinem Partner teilen will oder nicht. Einen Versuch zu machen um zu sehen, ob das was für eine ist oder nicht, das schadet sicherlich nicht. Wenn es aber so sein sollte, dass du überhaupt nichts damit anfangen kannst, dann sag es deinem Partner. Urteile nicht zu hart und schon gar nicht überreagieren. Redet miteinander, versucht eine Lösung zu finden.

Fetische sind vergleichbar mit dem Essen. Die einen mögen Fleisch, die anderen lieber Fisch. Viele Paare kennen das: sie probiert ein neues Rezept aus mit Zutaten die du überhaupt nicht leiden kannst. Voller Freude stellt sie dir den Teller hin und freut sich schon über deine Reaktion. Dein falsches Lächeln überzeugt sie nicht so ganz, dann fordert sie dich noch aufzuessen. Du weisst ganz genau das schmeckt dir nicht wirklich, aber du willst sie nicht enttäuschen aber auch nicht ermutigen, es wieder zu kochen.

Also erfordert das Ganze Diplomatie, Charme und sehr viel Liebe, um ihr zu sagen, dass du ihr Engagement sehr schätzt, aber es dir nicht ganz zugesagt hat.

Die meisten Frauen sind dann beleidigt, fühlen sich gedemütigt. Schliesslich hat sie doch extra nur für dich etwas Neues gekocht und du würdigst es nicht!

Genauso ist es, mit dem Partner über seinen Fetisch oder Fantasien zu reden.

Wie wird sie oder er reagieren? Was wird sie/er von mir denken? Was wenn ich als nicht normal abgestempelt werde?
Egal ob es was im SM Bereich ist, Fantasien mit anderen oder mehreren. Wichtig ist, dass man zusammen redet und
Versucht den anderen zu verstehen.
.

Kann ein Fetisch

Krank machen?

Ja, wenn es zur Sucht wird.

Wie alles andere im Leben, kommt es immer auf die Art und vor allem die Menge des Konsums an.

Übernimmt dich ein Verlangen, dich deiner Lust hinzugeben, einen Porno zu schauen oder übermässig deinem Verlangen Folge zu leisten?

Sobald du deine Lust befriedigt hast, reicht dieses gute Gefühl jedoch nicht lange hin und du gehst immer in kürzeren Abständen ins Internet und schaust dir wieder Filme an, um dich wieder zu befriedigen?

Dann ist das eine Art von Sucht.

Grundsätzlich spricht nichts dagegen ins Netz zu gehen und sich einen Film anzuschauen. Solange du die Kontrolle nicht verlierst und deinem Drang permanent nachgeben musst, ist alles in Ordnung.

Krank machen kann auch der Konsum von Natursekt oder Kaviar. Der Körper, scheidet diese mit viele Bakterien aus. Frischer Sekt wirkt desinfizierend, das heisst aber nicht, dass es ungefährlich ist. Wer gerne mit diesen Dingen spielt, sollte sich vorsichtshalber gegen Hepatitis A und B impfen lassen

Der richtige Umgang mit einem „Fetischisten"

Wie reagiere ich richtig, wenn ich einen Verdacht habe, dass mein Partner einen Fetisch hat? Soll ich ihr/ihm hinterher spionieren, herumschnüffeln oder einfach ignorieren?

Diese Fragen stellen mir viele Paare. Die einfachste und ehrlichste Lösung ist es, mit seinem Partner zu reden. Nur wie ist der einfachste Weg dies zu tun, ohne, dass es beiden peinlich wird? Versuche es mit einem Spiel. Wenn du glaubst dein Partner steht auf Bondage, dann verführe sie/ihn mit einem heissen Vorspiel. Verbinde dei-

nem Schatz die Augen, lass ihn deinen warmen Körper auf seiner nackten Haut spüren. Fahre mit deinen Fingern langsam über den Hals, runter auf die Brust bis hin zum Bauchnabel. Die Reaktion wird nicht lange auf sich warten lassen.

Dieses Vorspiel lässt sich natürlich ausbauen, aber für Anfänger ist dies ideal um rauszufinden, ob das auch für einen persönlich was ist. Hier ist wichtig: Alles kann, aber nichts muss. Auf keinen Fall sollst du weiter gehen, als es für dich selber oder dem Partner stimmt.

Wenn dein Partner es zulässt und auch du weitergehen willst, dann kannst du jetzt fragen, was du als Nächstes tun sollst. Die Frage sollte selbstverständlich nicht einfach nur plump rüberkommen. Beug dich nach vorne und hauch in ihr/sein Ohr: „Gefällt dir das?"

Die Antwort wird sicherlich ja sein. Du könntest aber auch befehlen, dass ab jetzt nur noch du redest und nur auf ein Kopfnicken oder Kopfschütteln reagierst.

Nach diesem Experiment lässt es sich viel einfacher darüber reden, inwiefern es einem persönlich gefällt und auch ob du bereit bist weiter zu gehen.

Wenn es nichts für dich sein sollte, dann sag es auch. Wichtig ist hier, dass ein offenes Gespräch stattfindet. Beide Parteien müssen für Kritik, Bedenken und Ängste des Partners offen sein. Es bringt nichts den anderen unter Druck zu setzen oder gar dazu zu nötigen, es trotzdem zu versuchen.

Nehmt euch Zeit für das Gespräch und lasst die Vorurteile aussen vor.

Mein Partner steht auf Elektro Sex. Was ist das?

Elektro Sex oder auch Estim genannt, ist eine Stimulierung durch Reizstrom. Es gibt viele Mythen, Märchen und Halbwahrheiten über dieses Thema. Dabei wird Reizstrom unter anderem auch in der Medizin praktiziert.

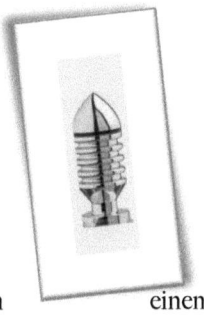

Es gibt unterdessen viele Sextoys, die mit Reizstrom die verschiedenen Punkte an unserem Körper stimulieren können. Durch einen Regler kann die Intensität der Stromstösse reguliert werden. Einige mögen das leichte Kribbeln, andere hingegen wollen dabei Schmerzen verspüren.

Die Vorurteile, dass diese Toys nur in der Lack und Leder Szene verwendet werden, sind falsch. Wer experimentierfreudig und neugierig ist, sollte es sich nicht entgehen lassen, eigene Erfahrungen mit solch einem Toy zu sammeln.

Du fragst dich jetzt sicher: „Ist so ein Gerät denn nicht gefährlich?"

Für Anfänger empfehle ich ein Gerät, welches mit Batterien betrieben wird. Auch appelliere ich an deinen gesunden Menschenverstand, dass du dich nicht am Kopf damit stimulierst.

Wenn du einen Herzschrittmacher haben solltest, dann solltest du es ebenfalls sein lassen.

Schlummert hingegen ein begabter Hobbyelektriker in dir und du auf die Idee kommen solltest, selber sowas zu bauen, lass die Finger davon!
Die Wahrscheinlichkeit, dass du dich oder deinen Partner damit Grillst ist grösser, als der Spass den ihr damit habt.
Ich empfehle dir, geprüftes Gerät zu kaufen.

Was du genau beachten solltest beim ersten Kontakt mit einem Estim- Gerät:

- Keine Anwendungen am Kopf

- Der Strom Weg darf nicht über beide Arme verlaufen

- Vorsicht bei den Brustwarzen, wenn Piercing vorhanden sind. Diese entweder raus- nehmen, ansonsten sein lassen

- Keine Anwendung bei Herz- schrittmacher

- Unter keinen Umständen darf der Strom übers Herz fliessen, das heisst: Die Elektroden darfst du nicht auf beide Brust- warzen kleben

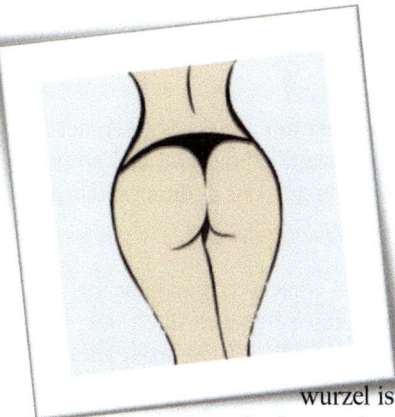

Geeignete Stellen, für die Stimulation sind zum Beispiel:

Die Prostata, der Damm-bereich, der Schliessmus-kel, der Hodensack gleich über den Hoden, die Mitte des Penisschafts sowie die Eichel und der Eichelkranz. Die Penis-wurzel ist ebenfalls beliebt. Die Poba-cken, die Innenschenkel. Die grossen und kleinen Schamlippen, sowie die Scheide, wobei die Scheide am besten, mit einem Elektro-Dildo stimuliert wird.

Dies sind die wichtigsten Punkte. Wenn du dir nicht sicher bist oder Fragen hast, kannst du mir eine Nachricht über meine Webseite senden, dann beantworte ich sie dir gerne.

Kleines BDSM – Lexikon

Wer sich als *stino*, der oder die bisher nur *vanilla* Sex kannte, in die dunklere Welt des BDSM vorwagt, kann schon mal ab den speziellen Ausdrücken und Abkürzungen die in dieser Welt gebräuchlich sind, verzweifelt nach google schreien.

Ich möchte euch den Einstieg etwas erleichtern und habe mal die wichtigsten Begriffe und Abkürzungen für euch übersetzt. Die Liste wird nicht vollständig sein. Immer neue Wortkreationen, die ihren Ursprung oft im Englischen haben, tauchen fast täglich auf.

Also, hier geht's los (aber denkt daran: immer SSC :-))...

A
AC/DC: bisexuell
AF: Algierfranzösisch (Analverkehr mit der Zunge)
AFF: **A**nalfaust**f**uck
AHF: Fick in die Achselhöhlen
AT: von lat. "**a t**egro", von hinten
Aufn.: Aufnahme von Körperflüssigkeiten in den Mund
AV: **A**nal**v**erkehr

B
BBB: **B**art, **B**rille, **B**auch (meist nicht sehr schmeichelhaft)
BBW: **B**ig **B**eautiful **W**omen (Frau mit fraulichen Formen)
BD: Bondage (Fesselspiele)
BDSM: Ein zusammenfassender Begriff für Bondage & Discipline, Dominance & Submission, Sadismus, Masochismus
bi: bisexuell
Bottom: Der passive Partner, die passive Partnerin (auch sub (KLEINGESCHRIEBEN!)
BW: Brustwarzenspiele

C
Caning: Schlagen/Züchtigen mit dem Rohrstock
CBT: Cock and Ball Torture (Penis und Hoden Folter)
CNC: Consensual Non Consent (einvernehmlich-nicht-einvernehmlich)
cut: beschnittener Penis (Vorhaut)

D
D/s: Dominance / submission (Herrschaft und Unterwerfung)
dev. : devot / demütig / verlegen
Dirty talk: "Schmutziges Reden"
dom. : dominant
DS: Dildospiele
Dungeon: Folterkammer
DW: Damenunterwäsche
DWT: Damenwäscheträger

E

EL: Eierlecken

Engl.: englische Erziehung wie sie in englischen Schulen praktiziert wurde. Oft strenge Disziplinspiele

E-Stim: Elektro-Stimulation

exhib.: exhibitionistisch

F

FemDom: Female Domination, die Frau dominiert den Mann

FI: finanzielle Interessen

Figging: Bestrafung durch Einführen von Ingwer in den Anus
(Ingwer-Plug)

flag.: Flagellieren (Auspeitschen), der Flagellant ist der dominante Partner

FM: Französisch (Oralverkehr) mit Kondom

ForceFem: Foreced Feminization (Erzwungene Feminisierung)

FS: Facesitting, die Herrin setzt sich auf das Gesicht des sub

G

Glory Hole: Der Penis wird durch ein Loch in einer Wand gesteckt und von einer unbekannten Person sexuell verwöhnt (oder
missbraucht)och in einer Wand, durch das der Penis gesteckt
wird; zum Zwecke anonymer Sexualkontakte

GR: Griechisch, Analverkehr

GS: Gruppensex

GV: Geschlechtsverkehr

H

Hands free: Orgasmus durch Masturbation ohne die Hände zu
benutzen

K

KS: Kuschelsex (siehe Vanilla)

L

LLL: Lack / Leder / Latex

M

MILF – Mom I'd like to fuck (wörtlich: Ein Mom, die ich ficken möchte. Attraktive reife Frau)

N

NR: Nichtraucher
NS: Natursekt (Urin)
NK: Naturkaviar (Kot)

O

O: devote Frau (nach dem Roman 'Historie d'O' von Pauline Reage)
ONS: One Night Stand
OTK: „over the knee" (wörtlich: Über das Knie legen)

P

P: passive
Pegging: Analverkehr mit einem Strap-On
Psycholagny: Orgasmus nur durch Gedanken und Fantasien, ohne Anfassen

Q

Queening: siehe Facesitting

R

ras.: rasiert
RACK: Risk-aware Consensual Kinks (Risikobewusste Einvernehmlichkeit)
Rimming: Stimulation der Darmregion mit der Zunge (siehe AF)
RS: Rollenspiele
RW: Reizwäsche

S

safe: geschützter Geschlechtsverkehr
Shibari: Erotische Fesselkunst, aus Japan
SM: Sadomasochismus

SS: Sperma schlucken

SSC: safe, sane, consensual (sicher, gesund & übereinstimmend, **Grundregeln für SM**)

submissiv: passiv, unterwürfig, demütig, verlegen (siehe dev.)

T

tbl.: tabulos (ist immer zu hinterfragen)

TF: Tittenfick

TG: Taschengeld (Bezahlung für sexuelle Gegenleistungen)

Top: Dominanter Partner

TPE: Total Power Exchange, das Machtverhältnis zwischen den Partner wird zu jederzeit und in jeder Situation aufrechterhalten (oft auch in der Öffentlichkeit)

Tribut: Bezahlung an eine Herrin, einen Herrn

TS: Transexuell

TV: Transvestit

TV-Zofe: Devote Männer die sich als Zofe/Dienstmädchen verkleiden und Zofendienste verrichten

U

uncut: Vorhaut am Penis unbeschnitten

V

VE: Verbalerotik (siehe Dirty Talk)

Vanilla: normaler Sex, Blümchensex

Z

Zahlen und Zeichen:

69: Stellung, die Partner verwöhnen sich gegenseitig oral

18×5: Länge x Durchmesser des Penis in cm

24/7: Die Rollenverteilung zwischen Dom und Sub wird 24 Stunden am Tag und 7 Tag die Woche aufrechterhalten

32/182/75: Angaben bei Vorstellungen (Alter/Grösse/Gewicht)

Danke schön!

Das war mein kleiner Ratgeber zum Thema Fetisch. Ich hoffe es hat dir geholfen einiges zu verstehen oder einige Fragen zu beantworten.

Womöglich hast du noch eine Frage welche dir unter der Zunge brennt.
Dann zögere bitte nicht, mir eine Mail an liebeskiste69@gmail.com zu schreiben. Ich werde dir sehr gerne deine persönlichen Fragen beantworten.

Sicher gibt es noch einiges zum Thema Fetisch zu erzählen oder anders zu schildern. Nur alles zu wissen ist fast unmöglich.

Meine Art zu schreiben, ist die Art wie ich die Dinge sehe.

Meine Neugier, mein Mut und auch die niedliche freche Art, auch mal unangenehme Fragen zu stellen, haben sich gelohnt. Es hat mir viel Freude bereitet, diese Seiten zu schreiben.

Auch hat es mich sehr gefreut, dass du dir meinen Ratgeber durchgelesen hast und wünsche dir viel Spass mit deinem Fetisch;-)

Noch nicht genug?

Dann habe ich für dich, eine kleine Geschichte: Ganz Still!

Meine Augen, verbunden. Die Handgelenke fest in seinem Griff. Als wäre ich ein unartiges Kind, werde ich bestraft. Für mich jedoch fühlt es sich nicht wie eine Bestrafung an. Nein, es erregt mich wie er mich führt, erzieht.
Seine Tiefe, sexy Stimme durchdringt mein Ohr und setzt sich in meinen Kopf fest:

"Du wirst dich nicht rühren. Halt ganz still!"

Seine Worte verankern sich in mein Gedächtnis.
Langsam bewegt er sich zwischen meine Beine.
Zuerst küsst er meinen Hals, dann mein Schlüsselbein, geht runter zu meiner Brust und hält kurz Inne.

"Beweg dich nicht!", befiehlt er weiter.

Ich traue mich kaum zu atmen.
Mit seiner Zunge liebkost er meine Brust. Sanft gleitet er nach unten, bis er meinen empfindlichsten Punkt erreicht hat.
Ich versuche mich nicht zu bewegen, aber es gelingt mir nicht.
Jedes Zucken, jede Bewegung, die kleinste Regung, all das wird mit einem Klapser auf meinem Po bestraft.

Der erste ganz sanft, dann steigert er seine Kraft.
Ich sollte jetzt lieber gehorchen und mich nicht mehr bewegen.

Jeder Klapser erregt mich aufs Neue. Da kann ich mich schwer beherrschen.

"Der nächste Hieb bekommst du mit der Gerte, wenn du nicht endlich Still liegen bleibst", droht er mir, mit sanfter Stimme. Er provoziert mich. Spielerisch. Erregend.

Er zeigt auf einmal eine völlig neue Seite an sich. Wie kommt das?
Lange kann ich mir deswegen nicht Gedanken machen, denn seine Zungenarbeit unterbricht meinen Gedankenfluss abrupt.

Lustvoll liebkost er mich, verwöhnt mich mit präzisen Bewegungen gegen meine Lustperle. Eine angenehme Wärme breitet sich von meiner Mitte, langsam Richtung Bauch aus.
Mein Blut gerät allmählich in Wallung. Adrenalin durchströmt meine Venen.

Die Atmung wird schwerer. Wie ein Vulkan voller Lust und Erregung, drohe ich zu explodieren. Genau das wollte er erreichen. Nun erhöht er den Druck seiner Zunge. Um mein Feuer weiter zu entfachen, beginnt er mit seinem Finger den langen Spalt zu massieren.

Genüsslich leckt er meine Vulva, während sich sein Daumen, den Weg ins Innere sucht.

Gekonnt trifft er den Punkt, und ich winde mich unter seinen Berührungen.

Ich versuche meine Bewegungen so minimal zu halten wie möglich, aber da mein Höhepunkt immer näher rückt, kann ich mein Körper nicht stillhalten.

Meine Beine zucken ganz leicht und ich spüre seine Hand über meine Pobacke schnellen.

Meine Lust steigt dadurch ins unermessliche.

Dieses Spiel kennt nur einen Ausweg.

Fester presst er seine Zunge gegen meine Perle, während sein Daumen schneller hin und her gleitet. Mein Puls steigt höher, die Atmung weicht einem immer klarwerdenden Stöhnen.

Wieder spanne ich mein Körper unter seinem Druck, während das elektrisierende Gefühl sich weiter ausdehnt.

Aus tiefster Kehle entweicht ein lautes JA! Und ich erreiche meinen Höhepunkt, wie schon lange nicht mehr.

Liebevoll gibt er mir einen kräftigen Klapser auf meinen Hintern.

«Das war dafür, dass du dich bewegt hast.» Mit schwerem Atem, lächelt er mich dabei an.

Nie hätte ich gedacht, dass er mich auf diese Weise verwöhnen könnte. Wahnsinn was es ausmacht, wenn man sich gehen lässt und den anderen einfach mal machen lässt

Mehr Geschichten gibt es auf meinem Blog, liebes-kiste.ch

Ich freu mich auf deinen Besuch. Danke für deine Zeit. Deine

Gwen ;-)

Weitere Veröffentlichungen

Zwischen Verlangen und Liebe

Roman
Paperback
252 Seiten
ISBN-13: 9783754355589
Verlag: Books on Demand
Erscheinungsdatum: 29.09.2021
Sprache: Deutsch
Farbe: Nein
Autorin: P. Point Gwendoline
https://www.bod.ch/buchshop

Liebe in der Ehe

Ratgeber
Paperback
70 Seiten
ISBN-13: 9783754347072
Verlag: Books on Demand
Erscheinungsdatum: 08.09.2021
Sprache: Deutsch
Farbe: Ja
Autorin: P. Point Gwendoline
https://www.bod.ch/buchshop